NOUVELLES Histoires drôles

91

Texte original
Jeanne Olivier

Adaptation thématique
Paul Lacasse

Illustration de la couverture
Philippe Germain

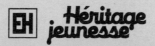
EH · Héritage jeunesse

Nouvelles Histoires drôles nº 91
Illustration de la couverture : Philippe Germain
Conception graphique de la couverture :
    productions Colorimagique
© Les éditions Héritage inc. 2008
Tous droits réservés

Dépôts légaux : 2e trimestre 2008

Bibliothèque nationale du Québec
Bibliothèque nationale du Canada

ISBN : 978-2-7625-8832-3
Imprimé au Canada

Les éditions Héritage inc.
300, rue Arran
Saint-Lambert (Québec) J4R 1K5
Téléphone : (514) 875-0327
Télécopieur : (450) 672-5448
Courriel : information@editionsheritage.com

*À tous ceux et celles
qui aiment collectionner,
écouter et raconter
des blagues.*

BLAGUES
À L'ÉCOLE

Première partie

— Mon garçon, dit un matin le papa de François, si tu réussis tes examens d'étape, je t'achète un vélo de trois cents dollars.

Quelques jours plus tard, François dit :

— Hé ! papa, je t'ai fait économiser trois cents dollars...

•

C'est l'histoire d'une petite fille très gourmande qui avait eu comme devoir de conjuguer «faire un gâteau et le manger». Le lendemain, voici ce que la maîtresse trouva dans son cahier : «Je fais un gâteau et je le mange. Tu fais un gâteau et je le mange. Il fait un gâteau et je le mange.»

•

Le professeur demande à Olivier :

— Pourquoi ce devoir est-il de l'écriture de ton père ?

— Parce qu'il m'a prêté son crayon.

•

— Maman, aujourd'hui, c'est moi qui ai donné la meilleure réponse dans ma classe. J'ai dit que les hirondelles avaient trois pattes.

— Mais elles n'en ont que deux! répond la mère.

— Oui, mais les autres avaient dit quatre...

•

Y a-t-il une différence entre un professeur et un thermomètre? Non.

On tremble toujours lorsqu'ils marquent «zéro»!

•

— Maman, toi qui penses que je ne connais jamais la réponse aux questions de ma maîtresse, tu vas être très contente de moi. Aujourd'hui, elle a demandé qui avait lancé une bombe puante dans la classe, et j'ai été la seule à répondre!

•

Le professeur demande à un élève :

— Peux-tu compter jusqu'à dix ?

— Un, deux, trois, quatre, cinq, six, sept, huit, neuf, dix.

— C'est très bien. Peux-tu continuer ?

— Valet, Dame, Roi.

•

François revient de la maternelle en montrant à sa mère sa première image autocollante.

— Qu'est-ce que tu as fait pour mériter cette image ?

— Je l'ai trouvée par terre !

•

Jojo a l'air songeur. Sa maman lui demande :

— Qu'y a-t-il, mon Jojo, tu sembles préoccupé ?

— Je crois que mon institutrice ne sait pas grand-chose. Elle passe ses journées à nous poser des questions.

•

Alexandre a la grippe. Quand le docteur finit de l'examiner, Alexandre lui demande:

— Docteur, je vous promets d'être courageux, alors dites-moi la vérité. Quand dois-je retourner à l'école?

●

Le professeur demande à Pascal:

—Si je coupe une feuille en deux, j'obtiens des demies. Si je la coupe en quatre?

— Des quarts.

— Très bien. Et si je la coupe en mille, qu'est-ce que j'obtiens?

— Des confettis.

●

— Mathieu, dit le professeur, je soupçonne ton père de t'avoir aidé à faire ce devoir-là!

— Oh non, madame, il l'a fait tout seul!

●

Catherine est en première année.
Sa maman lui demande :
— Si tu as deux bananes et que je t'en donne trois, combien en auras-tu ?
— Je ne sais pas.
— Comment, tu ne sais pas ? Tu n'apprends pas à compter à l'école ?
— Oui, mais avec des pommes...

●

En classe le professeur demande : Qui peut me dire ce qu'est un oiseau migrateur ?
Fernand :
C'est un oiseau qui se gratte d'un seul côté à la fois (mi-gratteur).

●

— Madame, j'ai un grave problème avec mes amygdales, raconte Jules à son professeur.
— Oh, est-ce que ça te fait beaucoup souffrir ?
— Non, seulement quand j'essaie de l'épeler.

●

— Émile, dit sa maman, tu pourrais faire comme ton copain Frédéric : il embrasse sa maman avant de partir pour l'école.

— Mais c'est que je ne la connais pas beaucoup, moi, sa mère, et ça me gênerait de l'embrasser.

•

Sophie raconte à son prof qu'elle est allée voir en concert l'orchestre symphonique.

— Il y avait tellement de monde que le chef d'orchestre n'a pas pu s'asseoir de toute la soirée !

•

Paul-Antoine est au musée avec sa classe. Le guide leur explique :

— Vous voyez maintenant la pièce la plus célèbre du musée. Ce sont les ossements d'un dinosaure vieux de soixante millions six ans.

— C'est incroyable ! s'exclame

Paul-Antoine. Comment pouvez-vous connaître son âge avec autant de précision?

— Bien, vois-tu, répond le guide, quand le musée m'a engagé, le dinosaure avait soixante millions d'années. Et ça fait six ans que je travaille ici!

●

Un voleur est en train de cambrioler une maison. Soudain, comme il s'apprête à partir, il entend une voix qui lui dit:

— Est-ce que vous ne pourriez pas aussi voler mon bulletin?

●

— Léo, demande le professeur, quel est le pluriel de cheval?
— Des chevaux.
— Très bien. Et le pluriel de journal?
— Des journaux.
— Et maintenant le pluriel de bébé?
— Des jumeaux.

●

— Jeanne, demande le professeur, est-ce que tu peux conjuguer le verbe marcher au présent?

— Je marche... tu marches... il marche ...

— Plus vite, Jeanne!

— Nous courons, vous courez, ils courent.

●

— Patrice, demande le professeur, dis-moi ce que signifie «Je l'ignore.»

— Je ne sais pas ...

— Très bien, Patrice!

●

Un jour, Isabelle rentre de l'école toute contente.

— Aujourd'hui, ma maîtresse était très contente de moi.

— Bravo! lui dit sa mère. Qu'est-ce qu'elle t'a dit?

— Elle a dit: «Guillaume, tu es un élève insupportable, j'aime encore mieux Isabelle...»

●

— Philippe, dit le professeur, tu vas me copier cent fois la phrase : «Je suis nul en français.»

Le lendemain, Philippe apporte son travail.

— Mais tu n'as copié la phrase que cinquante fois, dit le professeur.

— Bien, monsieur, c'est parce que je suis aussi nul en mathématiques.

•

Le prof : Connais-tu la différence entre l'éléphant d'Afrique et l'éléphant d'Asie ?

Francesco : Oui ! Environ 5 000 kilomètres !

•

Quel est le premier animal apparu sur terre ? interroge la maîtresse. Alors Jeannot répond :

— Le mouton, parce qu'il est lainé (l'aîné) !

•

Un monsieur pas très instruit reçoit une lettre du professeur : «Monsieur, nous avons constaté que votre enfant avait une forte tendance à la myopie. Veuillez faire le nécessaire.»

Il lui répond : «Vous avez bien fait de m'en informer. Je lui ai donné une bonne fessée. Il ne recommencera plus.»

●

En rentrant de l'école, une petite fille demande à sa mère, avec un air mystérieux :

— Maman, sais-tu que tu connais la dernière de ma classe ?

— Non.

— Eh bien... c'est moi !

●

La petite fille raconte à sa maman :

— Aujourd'hui, à l'école, j'ai li.

— On dit j'ai lu. Et qu'est-ce que tu as fait d'autre ?

— J'ai écru.

●

Un jeune cannibale rentre de l'école et dit :

— Papa, je ne vais plus à l'école.

— Pourquoi donc ? demande le papa cannibale.

— Parce que j'avais faim et j'ai mangé mon professeur !

•

— J'espère que tu n'as pas fait trop de bêtises à l'école aujourd'hui ?

— Comment veux-tu faire des bêtises quand tu es toujours dans le coin ?

•

Une vieille dame indignée dit à un enfant :

— Que dirait ton institutrice si elle te voyait fumer ?

— Je ne sais pas, madame, je ne vais pas encore à l'école !

•

— Maman, mon professeur ne sait même pas à quoi ressemble une vache!

— Pourquoi dis-tu ça?

— Hier, il nous a demandé de dessiner un animal de la ferme. Moi, j'ai dessiné une vache, et quand il a vu mon dessin, il m'a demandé ce que c'était.

●

Une jolie petite poule rentre de l'école. Sa maman lui demande:

— Ma poulette, as-tu bien travaillé aujourd'hui?

— Oh oui, maman, j'ai eu un œuf!

●

Pierre court autour de l'école. Un policier le questionne.

— Pourquoi cours-tu comme ça?

— Je poursuis mes études.

— Et l'autre, là-bas, pourquoi court-il deux fois plus vite?

— Il fait du rattrapage.

●

C'est le papa qui demande à son enfant :

— Tu as de bonnes notes à l'école ?

— Bof... Elles sont glacées.

— Comment ça, glacées ?

— Oui, elles sont en dessous de zéro...

•

Pour un professeur, qu'est-ce qui est plus difficile à supporter qu'un élève qui parle tout le temps ?

Deux élèves qui parlent tout le temps !

•

En revenant de l'école, Justin rencontre son pire ennemi.

— Ah ! te voilà, toi ! dit-il en l'attrapant par le collet. Je peux dire qu'il y a un super imbécile au bout de mon bras !

— À quel bout ? répond l'ennemi.

•

— Qui, demande le prof, peut me dire quel est le vrai nom du petit doigt ?

— C'est l'auriculaire, répond Guy.

— Oui, c'est ça. Et pourquoi porte-t-il ce nom-là ?

— Moi je le sais, dit Andrée. C'est parce qu'on le met souvent dans l'oreille.

— Très bien. Maintenant, dit-il en montrant son index, comment s'appelle ce doigt-ci ?

— Le nez-culaire, répond Juan, parce que c'est là qu'on le met le plus souvent !!!

•

— Je me sens seul ces temps-ci. J'ai l'impression que personne ne s'intéresse à moi.

— J'ai un excellent truc pour toi.

— Ah oui ? Lequel ?

— Essaie de manquer l'école un jour ou deux. Je te garantis que le directeur va penser très fort à toi !

•

Le prof d'éducation physique :

— Vous êtes tous prêts pour la randonnée en forêt ? Alors écoutez bien. Personne ne doit sortir du sentier, vous pourriez vous blesser. Si l'un de vous ne m'écoute pas et se casse une jambe, je ne veux pas le voir courir me voir en pleurant !

●

Alexis arrive à l'école un matin avec un pied dans le plâtre.

— Pauvre toi ! lui dit son ami.

— Ce n'est rien, ça ! Mon frère, lui, il ne sera pas capable de s'asseoir pour au moins deux semaines !

●

La prof : Carlos ! Tu aurais dû être ici ce matin à 8 h 30 !

Carlos : Pourquoi ? Est-ce que j'ai manqué quelque chose d'intéressant ?

●

Le prof : Si c'est toi qui chantes, tu dis «Je chante.» Si c'est ton père qui chante, que dis-tu ?

L'élève : Je dis «Arrête !»

●

Peter prend des cours de français. Il entend son professeur dire à un élève :

— Mon cher, vous êtes vachement avancé dans vos devoirs ! Peter retient cette phrase et s'en retourne à la maison. En chemin, il rencontre une jeune fille du cours qui lui plaît beaucoup. Il décide de lui parler et de lui faire un compliment.

— Ma chère, je voulais te dire... Mais rien ne sort ! La fameuse phrase du prof ne lui est malheureusement pas restée en tête. Après avoir fait travailler sa mémoire pendant une minute, ça y est ! ça lui revient !

— Ma chère, reprend-il, je voulais te dire que je te trouve gentille comme une vache !

●

La prof: Pourquoi t'assois-tu toujours aussi proche du tableau, Lucie?

Lucie: C'est parce que j'ai des problèmes avec mes yeux.

La prof: Ce ne serait pas plutôt pour être plus près de ton amie France?

Lucie: Non, non. Je suis myope, c'est tout!

La prof: Peux-tu me le prouver?

Lucie: Certainement. Est-ce que vous voyez la petite mouche sur le mur du fond, juste à côté du clou planté à gauche de la petite tache noire?

La prof: Oui.

Lucie: Bien moi, je ne la vois pas!

•

La prof: Qui peut me faire une phrase pour illustrer le mot «égoïste»?

Laurence: Moi! Moi!

La prof: Je t'écoute.

Laurence: Quelqu'un qui est égoïste, c'est quelqu'un qui ne pense jamais à moi!

•

Le lendemain d'une grosse inondation, tout le monde en parle à l'école.

— Chez nous, c'est effrayant! Il y avait au moins 30 centimètres d'eau dans le sous-sol.

— Tu devrais voir chez nous! Dans le sous-sol, tous mes jeux sont en décomposition totale!

— C'est drôle mais chez moi, il n'y a aucun signe d'inondation!

— Hein! Chanceux! Comment ça se fait?

— Ça doit être parce que j'habite juste à côté de l'usine d'essuie-tout!

●

Le prof: Quel est le fruit du poirier?
Samuel: La poire.

Le prof: Bien. Et le fruit du pommier?
Samuel: La pomme.

Le prof: Très bien! Et celui de l'abricotier?
Samuel: La brique.

●

Quel est le fruit préféré des professeurs d'histoire ? Les dattes (dates).

●

Sophie vient de recevoir sa première paire de lunettes chez l'optométriste.

— Docteur, vous me promettez qu'avec ces lunettes-là, je vais être capable de lire au tableau, de lire le journal, de lire le nom des rues ?

— Absolument !

— Wow ! C'est fantastique ! Je suis seulement en maternelle !

●

Le prof : Combien ça fait 1-1 ?
Rachid : Ça fait H !

●

Un enfant entre dans le bureau de l'infirmière de l'école :

— J'ai un problème.

— Qu'est-ce que c'est ? lui demande l'infirmière.

— Eh bien, chaque fois que je me lève et que je me rassois à mon pupitre, je fais un petit bruit... qui pourrait être un genre de petit pet... mais ça ne sent rien du tout !

— Bon, on va voir ça. Viens t'asseoir et te relever à quelques reprises à mon bureau. L'enfant fait ce que lui demande l'infirmière et, effectivement, laisse sortir chaque fois un petit gaz.

— Alors, vous avez entendu ? demande-t-il à l'infirmière. Qu'est-ce que vous pensez de ça ?

— Je pense que tu as un grave problème d'odorat ! répond l'infirmière en se bouchant le nez.

•

Le professeur à ses élèves :

— Je ne veux pas entendre dire que ce problème est difficile. S'il n'était pas difficile, ce ne serait pas un problème !

•

— Bonjour, est-ce que je parle au directeur de l'école?

— Oui, c'est moi.

— Bon, j'appelle pour vous dire que ma fille Irène n'ira pas à l'école ce matin.

— Ah bon! Et pourquoi?

— Euh... elle est très malade!

— D'accord, et qui parle s'il vous plaît?

— C'est ma mère.

•

La prof: Comment naissent les poissons?

Odile: Dans des œufs.

La prof: Et les grenouilles?

Virginie: Ce sont d'abord des têtards.

La prof: Et d'où viennent les serpents?

Aurèle: Des œufs.

La prof: Et les oiseaux?

Ariane: Ils naissent dans des œufs aussi.

La prof : Et les lapins, eux, d'où viennent-ils ?

Jeanne : Des chapeaux de magiciens !

●

La prof : Mylène, si je te donne trois bonbons aujourd'hui et que je t'en donne cinq autres demain, combien en auras-tu en tout ?

Mylène : Dix.

La prof : Mais non, voyons !

Mylène : Oui, oui. Parce que j'en ai déjà deux !

●

Deux amis discutent dans la cour de récréation :

— À quelle heure te réveilles-tu le matin ?

— Oh, environ une heure après le début des cours !

●

Le père : Qu'est-ce que tu as appris à l'école aujourd'hui, ma petite ?

—J'ai appris que tous les exercices de mathématiques que tu as faits pour moi hier soir étaient mauvais !

•

Une mère demande à sa fille après sa première journée à l'école :

— Et puis, as-tu appris des choses intéressantes aujourd'hui ?

— Oui, mais pas assez. Il faut que j'y retourne demain !

•

— Qu'est-ce qui arriverait si on coupait les deux oreilles de notre prof ?

— Je ne sais pas.

— Elle ne pourrait plus voir.

— Hein ! Pourquoi ?

— Elle ne pourrait plus faire tenir ses lunettes !

•

À l'école, un invité spécial vient parler de l'Australie. Après son départ, le prof demande aux élèves :

— Qui aimerait aller visiter l'Australie ? Tout le monde lève la main sauf un.

— Tu ne veux pas visiter l'Australie ? dit le prof. Ça ne t'intéresse pas ?

— Oui... mais ma mère m'a dit de rentrer à la maison tout de suite après l'école !

•

Une belle petite fille revient de sa première journée en première année.

— Et alors, lui demande son père, est-ce que tu as aimé ta journée ?

— Bof ! La maîtresse n'a pas arrêté de nous faire répéter les lettres de l'alphabet de toute la journée !

— Mais tu ne veux pas apprendre, ma chérie ?

— Non, je ne veux pas apprendre. Je veux savoir !

•

Le petit arrive à l'école en pleurant :

— Qu'est-ce qui se passe ? lui demande son professeur.

— En marchant pour venir à l'école (snif...) un gros coup de vent a fait s'envoler ma boîte à lunch !

— Pauvre toi ! Et qu'est-ce que tu avais pour dîner ?

— Un vol-au-vent !

●

Le prof : Comment pouvez-vous prouver que la terre est ronde ?

Un élève : Nous n'avons jamais fait une telle affirmation.

●

Le prof qui connaît bien l'Australie demande : Qui peut nommer cinq animaux qui y vivent ?

Une voix à l'arrière de la classe répond : Un kangourou... et quatre koalas !

●

Chez le médecin :

— Docteur, pouvez-vous faire quelque chose pour moi ?

— Sûrement, quel est ton problème ?

— J'aime faire mes devoirs !

•

La prof : Qu'est-ce que tu as à trembler comme ça, Jean-Marc ? Tu as froid ?

Jean-Marc : Non, ça doit être le zéro sur ma feuille d'examen !

•

Le prof : Pourquoi, Josée, les pages de ton cahier de mathématiques sont-elles toutes blanches ?

Josée : C'est parce que je fais du calcul mental !

•

Le père : Quel bulletin ! Tu es le dernier élève sur 20.

—Oh, papa, ça pourrait être pire, tu sais ! Je pourrais être dans une classe de 30...

•

Charles arrive de l'école avec un mauvais bulletin. Sa mère, un peu fâchée, lui dit : As-tu une petite idée de qui est le plus paresseux de ta classe ?

— Mais non, maman.

— Réfléchis un peu, ça va te revenir. Pendant que tout le monde travaille en classe, qui est celui qui reste à ne rien faire en regardant les autres ?

— Le prof !

•

Annick vient de commencer sa première année. À son retour à la maison, sa mère lui demande :

— Est-ce que tu as aimé ta première journée d'école ?

— Oui, mais c'est bizarre. On dirait que ma maîtresse ne connaît rien.

— Pourquoi dis-tu ça ?

— Elle a passé la journée à nous poser des questions. Elle m'a même demandé le nom de notre école !

•

Le prof: Quand arrive le temps des Fêtes, il faut aller dans notre cœur et penser à ce qui nous rend heureux.

Lysiane: Je suis heureuse d'avoir des bons parents.

Le prof: Oui, c'est bien.

Henri: Je suis heureux d'être en santé.

Le prof: Tu as raison, c'est une grande chance. Et toi, Magali, as-tu quelque chose à dire?

Magali: Oui, je suis très heureuse de ne pas être dinde!

•

Philomène: Sais-tu quels sont les quatre mots les plus utilisés par les élèves, à l'école?

Antoine: Je ne sais pas.

Philomène: C'est ça!

•

Dans un cours de cuisine:

— Et quand vous servez une tête de cochon, n'oubliez pas le persil dans les oreilles et la pomme dans la bouche.

— Monsieur, dit un élève au prof, vous ne trouvez pas qu'on va avoir l'air fou comme ça?

•

Le prof a demandé à ses élèves de faire une composition sur le sujet: Ma journée à La Ronde. Karim, qui déteste les compositions, remet ce travail: «Samedi dernier, nous devions aller à La Ronde. Mais il a commencé à pleuvoir, alors nous sommes restés à la maison.»

•

Le prof: Je tiens à ce que tout le monde s'unisse et fasse des efforts pour qu'on garde cette classe propre. Si vous voyez quelque chose qui vous dérange, n'hésitez pas à réagir! Vous avez bien compris?

Jonathan: Oh oui! Alors donnez-moi votre pantalon, je l'apporte tout de suite chez le nettoyeur!

•

La prof: Nadia, quelle est la 5ᵉ lettre de l'alphabet?

Nadia: Euh...

La prof: C'est bien!

●

Une mère inquiète amène sa fille chez le médecin:

— Docteur, ma fille ne va pas bien du tout. Elle n'a pas voulu se lever ce matin.

— Dis-moi, ma petite, où as-tu mal?

— J'ai mal à l'école!

●

Le prof donne un cours de mathématiques:

— Combien font 75 cents plus 75 cents?

Lysane lève sa main.

— Oui, Lysane?

— Ça fait deux paquets de gomme!

●

Le prof : Quel animal sait rire ?

Antoine : La souris.

Le prof : Pourquoi ?

Antoine : Parce qu'elle fait toujours «hi! hi! hi!».

●

Le prof : Quel est le meilleur moment pour ramasser les pommes ?

L'élève : C'est quand le propriétaire du verger n'est pas là !

●

La prof donne un cours de mathématiques.

— Je vais essayer de vous expliquer les fractions. Par exemple, si je prends une pêche, que j'en mange la moitié, et que j'en donne la moitié à la directrice, que reste-t-il ?

— Le noyau ! répond la classe en chœur.

●

Pauvre David ! Tu as l'air très déprimé. Qu'est-ce qui ne va pas ?

David : Hier, pendant l'examen de français, j'ai pris un miroir pour copier sur mon voisin. Le voisin a eu 83 % et moi, 38 %.

●

Deux copains de classe discutent :

— Le prof ne sait même pas ce qu'est un cheval !

— Tu es sûr ?

— Je te le jure. Hier, j'ai dessiné un cheval sur mon devoir de maths et il m'a dit : «Qu'est-ce que c'est que ça ?»

●

Quelle est la différence entre un directeur d'école qui n'est pas sévère et un extraterrestre ? Il n'y en a pas. Tout le monde en parle, mais personne n'en a jamais vu !

●

La prof : Qu'est-ce qu'une personne ignorante ?

Denis : Je ne sais pas.

La prof : C'est bien !

•

Le prof : Quelles sont les dents qui arrivent en dernier ?

Cynthia : Les dentiers !

•

La prof : Qui peut me nommer cinq choses qui contiennent du lait ?

Alexis : Moi !

La prof : Je t'écoute.

Alexis : Le fromage, le beurre, la crème glacée... et deux vaches !

•

La prof : Claude, combien y a-t-il de saisons dans l'année ?

Claude : Deux.

La prof : Pardon ?

Claude : Mais oui. La saison du hockey, et celle du baseball.

•

Lucie : Sais-tu qui a inventé l'école ?

Diane : Oui, je crois que c'est Charlemagne.

Lucie : Toute une invention !

Diane : Ah ! Qu'est-ce que tu veux... l'erreur est humaine !

•

Claudiane : Est-ce que je peux aller aux toilettes ?

Le prof : Bien sûr. Et si tu vois le directeur, dis-lui que je veux lui parler.

Claudiane : D'accord. Et si je ne le vois pas, qu'est-ce que je lui dis ?

•

Le prof : Si je dis « Je ne suis pas venu, tu n'es pas venu, il n'est pas venu, nous ne sommes pas venus... » Qu'est-ce que ça signifie ?

L'élève : Que la classe est vide ! Est-ce que je peux m'en aller ?

•

La cloche sonne et tous les élèves entrent en classe.

La prof : Bonjour Claude ! Alors, tu commences à trouver qu'il fait froid dehors ?

Claude : Oui.

La prof : C'est pour ça que tu as mis ta belle combinaison bleue ?

Claude : Oui, mais comment avez-vous pu deviner ?

La prof : Très simple, tu as oublié de mettre ton pantalon !

•

— Je ne veux plus aller à l'école. Personne ne m'aime. Les élèves me détestent et les profs aussi. Je veux rester ici, maman !

— Pas question mon grand ! Écoute, dans la vie, il faut faire des efforts. Je suis sûre que tu as plein de choses à apprendre à l'école. Et puis, tu n'as pas vraiment le choix, c'est toi le directeur !

•

Donald : Pourquoi les enfants doivent-ils se rendre à l'école chaque matin ?

Laurelle : Je ne sais pas.

Donald : Parce que l'école ne peut pas se rendre à eux !

●

— Maman, est-ce que tu punirais quelqu'un pour une chose qu'il n'a pas faite ?

— Mais non !

— Ouf ! Alors... je n'ai pas fait mes devoirs.

●

Le prof : Taisez-vous ! Si vous n'arrêtez pas tout de suite ce vacarme, je sens que je vais devenir fou !

L'élève : Trop tard, monsieur ! Ça fait déjà une demi-heure que personne ne fait plus de bruit !

●

Le prof : Greg, il se passe une chose vraiment bizarre.

Greg : Quoi ?

Le prof : Tu sais, lundi dernier, je vous ai demandé de faire une composition sur vos activités de fin de semaine.

Greg : Oui, moi je l'ai faite sur ma visite à l'érablière.

Le prof : Eh bien, ta composition est absolument identique à celle de Tamara.

Greg : Ah ! ça se comprend, nous sommes allés à la même érablière...

•

Un frère et sa petite sœur reviennent ensemble de l'école.

— Aujourd'hui, dit le frère, dans le cours d'éducation physique, on a joué au baseball.

— As-tu bien joué ?

— Ah oui ! Imagine-toi donc que j'ai même réussi à voler un but.

— Oh ! Il ne faut surtout pas le dire à maman, sinon tu vas te faire punir.

•

Deux copines discutent :

— Mon prof parle tout seul.

— Ah, le mien aussi.

— Mais ils ne s'en rendent pas compte.

— Non, ils croient qu'on les écoute !

•

Le prof : Louis, je t'ai entendu traiter Éloi d'imbécile. Est-ce que tu le regrettes ?

Louis : À vrai dire, je regrette de ne pas le lui avoir dit plut tôt !

•

— Voici votre devoir de maths pour ce soir, dit la maîtresse. Si vous allez à l'épicerie et que vous achetez 472 grammes de poulet à 8,99 $ le kg, combien cela va-t-il vous coûter ? Maintenant, bonjour tout le monde et à demain !

Le lendemain, au cours de maths, la maîtresse demande à Sylvie :

— Alors, quelle est la réponse à mon problème ?

— Comment voulez-vous que je le sache ? Je ne suis pas allée à l'épicerie, moi, hier soir !

•

Le prof : Bruno, tu connais le règlement ! Enlève ta casquette quand tu entres en classe.

Bruno : Mais je n'ai pas ma casquette !

Le prof : Ah ! non ? Et ce que tu as sur la tête, c'est quoi ?

Bruno : C'est la casquette de mon frère !

•

Le directeur de l'école : Est-ce que le plancher est poli ?

Le concierge : Bien sûr ! Quand je le lave, il ne dit jamais un mot plus haut que l'autre !

•

Bastien : Sais-tu quel est le pire voyage qu'on puisse faire ?

Sergio : La traversée du désert ?

Bastien : Non.

Sergio : Une randonnée dans la forêt amazonienne ?

Bastien : Non.

Sergio : Une descente dans un volcan ?

Bastien : Non.

Sergio : Un voyage en Antarctique ?

Bastien : Non.

Sergio : Mais qu'est-ce que c'est ?

Bastien : Une expédition au bureau du directeur !

●

C'est la fin de l'année et Pascal attend l'autobus à côté d'un monsieur.

— Comme tu as l'air content ! lui dit l'homme.

— Oh oui ! Je viens de finir l'école.

— Chanceux ! Est-ce que tu as bien réussi ton année ?

— Je pense que je vais avoir

d'excellentes notes dans mon bulletin.

— Ah oui ? Tu as bien étudié ?

— Non. Mais je vais vous dire un secret : j'ai copié et j'ai triché dans tous mes examens ! Ha ! ha !

— C'est vrai ? Moi aussi je vais te dire un secret : je suis le directeur de la commission scolaire !

— Euh... et moi, vous savez, je suis le plus grand menteur de toute l'école !

•

Roxane : Que faut-il faire avant de sortir de l'école ?

Guillaume : Je ne sais pas.

Roxane : Il faut y entrer !

•

Le prof : Qui peut me nommer une chose qui n'existait pas il y a vingt ans et qui a changé nos vies ?

Aurélie : Moi !

•

Un beau mardi après-midi, le prof quitte le tableau et vient se promener entre les rangées pour parler à ses élèves.

Le prof : Il y a une chose très importante dans la vie. Il faut toujours être conscient de ce qu'on est. Alors je demanderais à la personne qui se croit la plus imbécile de la classe de se lever. Les minutes passent. Tout le monde reste assis.

Le prof : Voyons ! Pourquoi personne ne se lève ?

Un élève : Pas nécessaire, prof. Vous êtes déjà debout !

●

Le prof : Quel est le métier que tu aimerais le moins faire ?

Gaston : Médecin.

Le prof : Mais pourquoi ?

Gaston : Parce qu'un médecin passe son temps à se laver les mains.

●

Le père : Alex, il faut que je te parle. Je reviens d'une visite chez ton professeur. Il m'a dit qu'il était absolument incapable de te faire apprendre quoi que ce soit.

Alex : Ah ! Tu vois, papa ! Je t'ai toujours dit que mon professeur était un ignorant !

•

Le prof donne un cours sur les hommes des cavernes.

— Vous savez que les premières lettres ont été écrites sur des roches.

— Ouf ! Les facteurs devaient être fatigués à la fin de leur journée !

•

La prof : Quel est le pluriel du mot voleur ?

Annick : Des valises.

La prof : Pourquoi dis-tu ça ?

Annick : Un voleur... dévalise (des valises) !

•

Le prof : Comment peux-tu te concentrer en faisant deux choses à la fois ? Je t'ai déjà souvent dit d'arrêter de chanter quand tu étudies.

L'élève : Mais je n'étudiais pas !

•

Adam : Je dois me préparer pour mon examen. Voudrais-tu m'aider à étudier ?

Kim : D'accord !

Adam : Demande-moi le nom des bébés animaux.

Kim : Comment s'appelle le bébé du lion et de la lionne ?

Adam : Le lionceau.

Kim : Bien. Et celui du cheval et de la jument ?

Adam : C'est le poulain.

Kim : Oui ! Maintenant, qui est le bébé de la vache et du bœuf ?

Adam : Euh... le bœuf-bé ?

•

Toute la classe de Lana est allée visiter une ferme. En sortant de l'enclos des moutons, le fermier demande aux élèves :

— Savez-vous combien de moutons nous élevons ici ?

— Oui, répond aussi vite Lana. Il y en a 212 !

— Wow ! Tu m'impressionnes ! Comment as-tu pu compter aussi rapidement ?

— Facile ! J'ai compté le nombre de pattes et j'ai divisé par quatre !

•

La prof : Je vais essayer de vous expliquer les additions et les soustractions. Martine, supposons que tu donnes sept bonbons à ton frère et que tu lui en reprennes quatre, qu'est-ce que ça va faire ? Martine : Ça va le faire pleurer, c'est sûr !

•

Le directeur d'école : Peux-tu me dire, Bruno, comment on appelle quelqu'un qui parle et parle sans arrêt en classe sans que personne soit intéressé par ce qu'il dit ?

Bruno : Un professeur ?

●

Le professeur : Normand, peux-tu me nommer les lettres de l'alphabet ?

Normand : A, P, E, O, T, F...

Le professeur : Mais voyons ! Où as-tu appris ton alphabet ?

Normand : Chez l'optométriste.

●

Le professeur : Louis, quel métier as-tu envie de faire quand tu seras grand ?

Louis : Je crois que je vais suivre les traces de mon père et devenir policier.

Le prof : Ah, ton père est policier ?

Louis : Non, c'est un bandit.

●

Un professeur demande à ses élèves de résoudre un problème sur un robinet qui coule. Un de ses élèves inscrit un numéro de téléphone comme réponse. Au professeur étonné qui lui demande des explications, l'élève répond: «C'est le numéro de notre plombier.»

•

L'enfant: Papa, je suis meilleur que mon professeur!

Le père: Hein? Comment peux-tu dire ça?

L'enfant: Parce que l'année prochaine, mon professeur restera en deuxième et moi, je serai en troisième!

•

— Raphaël, dit le professeur, ta rédaction intitulée «Mon chien Fido» est tout à fait identique à celle de ton frère.

— C'est normal, nous avons le même chien.

•

— Guy, demande le professeur, peux-tu me nommer deux pronoms?

— Qui, moi?

— Très bien, Guy.

•

Le professeur: Paul-Alain, si ton père savait à quel point tu t'es mal conduit aujourd'hui, je suis sûr que ça lui donnerait des cheveux blancs.

Paul-Alain: Oh! Il serait très heureux, il est chauve.

•

Le professeur: Bastien, si ton père promet de te donner deux dollars chaque fois que tu tonds le gazon, combien te donnera-t-il si tu le tonds quatre fois?

Bastien: Deux dollars.

Le prof: Mais voyons, Bastien, tu ne connais pas la table de deux?

Bastien: Oui, mais on voit bien que vous ne connaissez pas mon père!

•

Le prof : Eddy, tu avais 85 cents dans ta poche et tu en perds 25. Qu'as-tu dans ta poche ?

Eddy : Un trou, monsieur.

•

Le professeur demande à ses élèves ce qu'ils ont fait pendant les vacances.

— Moi, je suis allée chez mon grand-père, répond une élève.

— Ton grand-père paternel ou maternel ?

— Euh... mon grand-père ingénieur !

•

France : À la fin de chaque journée, mon prof a toujours l'air épuisé.

Josée : Le mien aussi. Il pousse de grands soupirs.

France : Je me demande bien pourquoi, c'est nous qui travaillons toute la journée !

•

Le professeur : Gabrielle, veux-tu m'épeler le mot CHAT ?

Gabrielle : C-H-A.

Le professeur : Oui, et qu'est-ce qu'il y a au bout ?

Gabrielle : Une queue.

•

Madame Tremblay : Ma petite Julie est vraiment très intelligente, son professeur l'a vu tout de suite.

Madame Carrière : Ma petite Annie est incroyable. Elle n'est qu'en première année et elle peut déjà épeler le nom de sa ville à l'endroit et à l'envers.

Madame Tremblay : Et où habitez-vous ?

Madame Carrière : À Laval.

•

Mona : Moi, ce que j'aime le plus à l'école, c'est le cours de musique. Et toi, qu'est-ce que tu préfères à l'école ?

Chloé : Les congés !

•

— Véronica, dit le professeur, peux-tu nous montrer le Brésil sur la carte ?

Véronica va au tableau et désigne le Brésil.

— Très bien. Maintenant, Simon, peux-tu me dire qui a découvert le Brésil ?

— Euh... c'est Véronica, monsieur.

•

La professeure : Si vous additionnez 1332 et 5207, que vous multipliez la réponse par 3 et que vous divisez le tout par 9, qu'est-ce que vous obtenez ?

Tom : La mauvaise réponse...

•

Lucie : Francine, aimes-tu l'école ?

Francine : Oui, mais je trouve qu'on perd beaucoup de temps entre les récréations.

•

Anne-Marie, demande le professeur, as-tu des trous dans tes vêtements ?

— Non, pourquoi ?

— Comment as-tu fait alors pour les enfiler ?

•

Un père à son fils :

— Des notes aussi minables, ça mérite une bonne correction.

— Allons-y, papa, je connais l'adresse du professeur ! répond le fils.

•

Simon passe ses journées à bavarder, à l'école. Un jour, son professeur, qui n'en peut plus, lui dit :

— Simon, sais-tu quelle est la différence entre toi et une porte ?

— Non.

— La porte, on peut la fermer !

•

Maman : Qu'est-ce que tu as fait à l'école aujourd'hui, mon fils ?

Le fils : Des devinettes.

Maman : Mais tu m'avais dit que tu avais un examen de maths.

Le fils : Oui, c'est ça...

●

La maman à son mari :

— Je crois que notre fils sera astronaute.

— Qu'est-ce qui te fait dire ça ?

— Son professeur m'a dit qu'il était toujours dans la lune !

●

Un petit garçon revient de l'école en pleurs.

— Maman, tout le monde me dit que j'ai un gros nez. C'est pas vrai, hein ?

— Mais non, mais non. Prends ton drap et mouche-toi !

●

Le prof : Rémi, veux-tu m'épeler le mot Québec ?

Rémi : Euh... la ville ou la province ?

•

La professeure : Beaucoup de mes élèves sont ignorants, mais toi tu es une exception.

L'élève : Vous trouvez ?

La professeure : Oui, toi tu es exceptionnellement ignorant.

•

Dans quelques minutes commence l'examen de français.

— Dis donc, Mathieu, es-tu toujours aussi nerveux avant un examen ? lui demande Nadine.

— Mais non, je ne suis pas du tout nerveux. Pourquoi me demandes-tu ça ?

— Ah ! C'est seulement qu'ici, ce sont les toilettes des filles !

•

Le fils de Dracula arrive de l'école en pleurant.

— Mais qu'est-ce qui t'arrive, mon petit? lui demande sa maman.

— Tout le monde se moque de moi. À l'école, tout le monde me dit que j'ai des grandes dents. C'est pas vrai, hein, maman?

— Mais non, ne t'en fais pas. Mais lève la tête, tu vas égratigner le plancher!

●

Entendu dans la salle des profs:

— J'aime tellement mon métier de professeur.

— Moi aussi, surtout l'été!

●

Le professeur: Je me demande, Simon, ce que ton père dirait si je lui montrais ce devoir?

Simon: Je ne sais pas trop, c'est lui qui l'a fait!

●

Le prof: Marc-André, de quel auteur est «Tintin»?

Marc-André: Euh... Un mètre soixante-cinq?

•

La prof: Bravo Émile! Tu t'améliores en épellation. Seulement quatre fautes.

Émile: Merci madame.

La prof: Bon, passons à l'autre mot maintenant.

•

Raphaël arrive à sa leçon de piano les doigts tout sales.

— Tu devrais être gêné, lui dit son professeur. Que dirais-tu si je te donnais ton cours avec des mains noircies par la saleté?

— Je ne dirais rien, je suis plus poli que ça...

•

La prof : Geneviève, pourquoi es-tu en retard ?

Geneviève : C'est ma mère qui a eu besoin de moi.

La prof : Pour quoi faire ?

Geneviève : Pour me donner une punition...

●

— Catherine : Mon professeur est un vrai magicien.

— Iris : Ah oui ?

— Catherine : Oui, depuis le début de l'année, il a fait disparaître soixante-huit paquets de gomme.

●

La professeure : Philippe, pourquoi es-tu en retard ce matin ?

Philippe : J'ai rêvé que j'assistais aux éliminatoires de hockey. Un match enlevant entre les Canadiens et les Rangers ! Puis il a fallu qu'ils aillent en prolongation...

●

Le prof: Jean, comment écris-tu sterno-cléido-mastoïdien?

Jean: Euh... avec des traits d'union.

•

Le prof: Que trouve-t-on dans les pyramides d'Égypte?

Simon: Des momies?

Le prof: Très bien. Et qu'est-ce que c'est, une momie?

Simon: Un pharaon en conserve.

•

Le prof: Tu ne dis rien, Mathieu? Ma question t'embête?

Mathieu: Mais non, monsieur! Ce n'est pas votre question qui m'embête, c'est la réponse!

•

Le prof: Peux-tu me dire quelle est la femelle du hamster?

L'élève: Euh... La Amsterdam?

•

Le père : J'en ai assez de tout voir monter. L'électricité, le chauffage, le téléphone, les taxes !

Le fils : Papa, console-toi, je vais te montrer mon dernier bulletin...

•

C'est l'histoire d'une petite mouche à feu qui était toujours la dernière de sa classe. Elle n'était pas aussi brillante que les autres...

•

Maryse n'est vraiment pas peureuse ! L'autre jour, en entrant dans la classe, elle dit à voix haute :

— La moitié des élèves de la classe sont des imbéciles !

— Tu ferais mieux de retirer ce que tu viens de dire tout de suite ! lui dit Pierre-Luc, le plus gros, le plus grand et pas le plus brillant de la classe.

— OK, alors la moitié des élèves de la classe ne sont pas des imbéciles !

•

Martin n'arrête pas de parler en même temps que son professeur. Celui-ci lui dit :

— Si tu n'écoutes pas, Martin, je vais te mettre en retenue.

Mais Martin continue de plus belle.

— Martin ! Je t'avais averti ! Tu iras en retenue après l'école.

— Pas de problème ! Gardez-moi aussi longtemps que vous voudrez. Ma mère veut que je fasse le ménage de ma chambre en rentrant.

•

À la sortie de l'école :

— Pierre, il faut absolument que tu viennes tout de suite chez moi !

— Pourquoi ?

— Mon père vient de me donner un chien. Ça te tente de venir jouer avec lui ?

— Est-ce qu'il mord ?

— Euh... je ne sais pas, c'est justement ça que je voudrais savoir.

•

— Ma sœur a passé toute la nuit à étudier.

— Pourquoi?

— Elle avait un test de sang ce matin.

●

Le professeur: Où trouve-t-on les éléphants?

L'élève: Nulle part, ils sont bien trop gros pour qu'on les perde!

●

C'est l'heure de partir à l'école. Jules traîne interminablement.

— Qu'est-ce que tu fais? lui demande sa mère.

— Je cherche mon sac d'école, répond Jules.

— Il est là, lui dit sa mère en lui tendant son sac d'école.

— Oh, s'il te plaît, maman, dit-il, laisse-moi le chercher encore un peu!

●

— Alors! Zéro partout! s'écrie le père en consultant les notes de son fils. Qu'est-ce que tu vas encore donner comme explication?

— Eh bien, dit le fils, j'hésite entre l'hérédité et l'environnement familial.

•

Caroline: Maman, je me suis fait trois nouveaux amis. Ils vont pouvoir m'aider à faire mes devoirs, ils sont très bons en mathématiques.

La mère: C'est bien ça! Comment s'appellent-ils?

Caroline: Lu-7, 4-rine et 20-100.

•

La mère: Alors, Natacha, as-tu réussi ton examen?

Natacha: Non, mais ce n'est pas ma faute, maman. La maîtresse a fait exprès de me demander tout ce que je ne savais pas et rien de ce que je savais.

•

Le prof : Jean, quel est l'animal qui s'attache le plus à l'homme ?

Jean : Euh... la sangsue ?

•

Un petit chien revient de l'école.

— Qu'est-ce que tu as appris aujourd'hui ? lui demande sa maman.

— On a eu un cours de langue étrangère.

— As-tu appris à dire quelque chose ?

— Oui : miaou.

•

Le prof : Emmanuel, si tu as quatre oranges et que tu en manges une, combien t'en reste-t-il ?

Emmanuel : Quatre.

Le prof : Pourquoi quatre ?

Emmanuel : Mais oui, trois dans mes mains et une dans mon estomac.

•

Le prof : La Terre tourne autour du Soleil.

Maxime : Mais quand il n'y a pas de soleil, monsieur, elle tourne autour de quoi ?

●

Le prof : Pourquoi arrives-tu toujours en retard, Isabelle ?

Isabelle : C'est à cause du panneau de signalisation.

Le prof : Quel panneau ?

Isabelle : Celui juste devant l'école où c'est écrit : Attention, écoliers ! Ralentir !

●

Le prof : Francis, je suis découragé. Ton écriture est franchement épouvantable. Je suis incapable de lire ton devoir d'hier soir.

Francis : C'est pas grave ! De toute façon, plus tard, j'écrirai à l'ordinateur !

●

Juliette : À l'examen de mathématiques, j'ai remis une feuille blanche.

Valérie : Oh! Moi aussi.

Juliette : Catastrophe! Le prof va penser qu'on a copié!

•

Le prof : Julie, qu'est-ce que le sucre?

Julie : Le sucre, c'est quelque chose qui donne mauvais goût au café quand on n'en met pas dedans!

•

À l'école :

— Line, pourquoi es-tu en retard?

— Parce que je suis partie en retard.

— Oui, mais pourquoi n'es-tu pas partie à temps?

— Parce qu'il était trop tard pour partir à temps!

•

Le père : Olivier, ne devais-tu pas m'apporter ton nouveau bulletin aujourd'hui ?

Olivier : Oui, mais je l'ai prêté à mon ami Éric. Il voulait faire peur à son père !

●

Le prof : Simon, qu'est-ce que les éléphants sont les seuls à avoir ?

Simon : Euh... des éléphanteaux.

●

Un garçon arrive à l'école en retard, mouillé des pieds jusqu'aux genoux.

— Pourquoi es-tu en retard ? lui demande son professeur.

— J'ai jeté du bois à l'eau. Quelques minutes plus tard, un autre élève arrive, mouillé, lui, des pieds à la tête.

— Et toi, pourquoi es-tu en retard ? demande encore le professeur.

— C'est moi Dubois...

●

Pascal pleure parce qu'il ne veut pas faire ses devoirs.

— Voyons Pascal, lui dit sa mère, prends ton courage à deux mains !

— Je veux bien, mais avec quelle main je vais faire mes devoirs ?

•

La prof : Nathalie, disons que tu as six bonbons et que ton frère t'en demande deux, combien t'en reste-t-il ?

Nathalie : Six, madame.

La prof : Comment ça, six ?

Nathalie : Écoutez, madame, si mon frère me demande des bonbons, croyez-vous que je vais lui en donner ?

•

La maîtresse : Lana, qu'est-ce qu'un synonyme ?

Lana : C'est un mot qu'on emploie à la place d'un autre qu'on ne sait pas comment écrire.

•

Le prof : Josée, quelle est l'utilité de la banane ?

Josée : On la mange.

Le prof : Très bien, on mange la chair. Mais à quoi sert la pelure ?

Josée : À faire tomber les gens ?

●

Le directeur d'école : Vincent, dis-moi qui a lancé cet avion dans la classe.

Vincent : Non, monsieur ! Jamais je ne dénoncerai mon ami Pascal !

●

Pendant un examen, le professeur croit apercevoir Claude en train de copier sur son voisin. Il s'approche de lui tranquillement et lui demande :

— J'espère que je ne t'ai pas vu copier, Claude ?

— Je l'espère aussi, monsieur !

●

Antoine n'a pas fait son devoir de la veille et doit faire un devoir supplémentaire sur le thème «La paresse». Le lendemain, il remet à sa maîtresse une feuille blanche où il a écrit au bas : «La paresse, c'est ça.»

●

La prof : Mélanie, qu'est-ce qui est le plus près de nous, l'Australie ou la Lune ?

Mélanie : La Lune.

La prof : Tu es sûre ?

Mélanie : Oui, parce que l'Australie, je ne l'ai jamais vue. Mais la Lune, je la vois tous les jours.

●

Sébastien prend un rendez-vous avec un psychologue.

— Docteur, j'aime l'école. Pouvez-vous faire quelque chose pour moi ?

●

Solange : Aujourd'hui, maman, j'ai été la seule capable de répondre à une question du prof!

La mère : Bravo! Quelle était cette question?

Solange : «Qui n'a pas fait son devoir hier?»

•

Le professeur : C'est vraiment étrange, Bertrand, tu as fait les mêmes erreurs dans ton examen que ton camarade assis à côté de toi. Pourrais-tu expliquer ça?

Bertrand : C'est parce que nous avons le même professeur!

•

Le prof : Que font 3 cheminées plus 2 cheminées moins 4 cheminées plus 7 cheminées?

Alice : Euh... beaucoup de fumée!

•

Manuel revient de l'école en pleurant.

— Maman, tu as oublié d'écrire mon nom sur mes vêtements d'éducation physique. Alors quelqu'un a regardé l'étiquette de mon chandail et maintenant, tout le monde m'appelle «100 % coton».

•

Le prof: Qu'est-ce que le lit d'une rivière?

L'élève: C'est l'endroit où se couchent les poissons!

•

Madame Boulanger arrive au bureau du professeur de son fils.

— Monsieur, j'aimerais bien savoir pourquoi mon fils Victor a toujours zéro dans ses devoirs et ses examens.

— C'est simple, madame, c'est parce qu'il n'y a pas de note plus basse!

•

Le professeur convoque le père de Jacques à son bureau.

— Monsieur, votre fils n'étudie pas très fort. Il copie toujours sur son voisin. Regardez cet examen, leurs réponses sont les mêmes.

— Mais ça ne veut rien dire! S'ils ont bien répondu tous les deux, c'est normal que les réponses soient les mêmes.

— Peut-être, mais regardez la dernière question : En quelle année Christophe Colomb a-t-il découvert l'Amérique? Le voisin de votre fils a écrit : Je ne sais pas; et votre fils a répondu : Moi non plus...

•

La prof: Lisette, qu'est-ce qu'une huître?

Lisette : C'est un poisson qui est fait comme une noix.

Autres thèmes
dans la collection

BLAGUES À L'ÉCOLE (3 livres)
BLAGUES EN FAMILLE (4 livres)
BLAGUES AU RESTO (1 livre)
BLAGUES AVEC LES AMIS (6 livres)
BLAGUES INTERROGATIVES (4 livres)
DEVINETTES (1 livre)
BLAGUES À PERSONNALISER (3 livres)
BLAGUES COURTES (2 livres)
BLAGUES CLASSIQUES (1 livre)
BLAGUES DE NOUILLES (2 livres)
BLAGUES DE GARS ET DE FILLES (2 livres)

CONCOURS

Presque aussi drôle qu'un Ouistiti!

On te dit que tu es un bouffon,
un(e) petit(e) comique,
un drôle de moineau?
Peut-être as-tu des blagues
à raconter? Envoie-les-nous!
Tu auras peut-être
la chance de les voir publiées!

Fais parvenir ton message
à l'adresse qui suit:
Droledemoineau@editionsheritage.com

À très bientôt...